Etude de M   , Notaire a

CARNET

DES

Forcements et des Restitutions

RELEVÉS

PAR LES EMPLOYÉS SUPÉRIEURS DE L'ENREGISTREMENT

CARNET

des Forcements et des Restitutions

Imprimerie de A. RAME, 6, rue d'Aboukir.
PARIS.

DIVISION

1ʳᵉ PARTIE. — Restitutions demandées par les Notaires.
2ᵉ PARTIE. — Forcements relevés par les Employés supérieurs.
3ᵉ PARTIE. — Restitutions proposées par les Employés supérieurs.

PARIS

A. RAMÉ, Imprimeur-Éditeur, 6, rue d'Aboukir

1875

OBSERVATIONS

PREMIÈRE PARTIE. — *Restitutions demandées par les Notaires, tant sur les actes par eux reçus que sur les déclarations de successions par eux passées en qualité de mandataires.* — Aussitôt que les actes enregistrés et les quittances de droits de successions seront rapportés à l'étude, les notaires examineront les perceptions. — Dans le cas où des perceptions leur paraîtraient avoir été indûment faites, et s'ils n'en réclamaient pas immédiatement la restitution, ils relèveront sur cette partie du carnet celles qu'ils croiront devoir soumettre, préalablement à toute réclamation, à l'examen des employés supérieurs, lors de leur tournée dans les bureaux et les études.

DEUXIÈME ET TROISIÈME PARTIES — *Forcements relevés et Propositions de Restitutions faites par les Employés supérieurs* — Lorsque les opérations des employés supérieurs seront près de toucher à leur fin, les notaires demanderont à ces employés : 1o de désigner sur ce carnet les forcements relevés et les restitutions proposées ; 2o d'y donner, dans un but d'ordre et d'instruction pour le présent et pour l'avenir, les motifs des perceptions qui leur ont paru insuffisantes ou faites indûment. — A leur tour, les notaires feront connaître, en renvoyant le carnet au bureau, les forcements qu'ils voudront payer avant le départ de ces employés. — Si, après ce départ, ils veulent payer d'autres forcements, ils enverront également le carnet au bureau. — Le montant des forcements payés sera porté au compte des notaires sur leur carnet de dépôt d'actes et de projets de déclarations de successions.

Envoi des Avertissements destinés aux Débiteurs des Forcements. — Il est des notaires qui se font adresser directement par les receveurs les avertissements relatifs aux forcements qu'ils déclarent vouloir payer soit avant, soit après le départ des employés supérieurs. Cette précaution, qui devrait se généraliser, a cela d'utile qu'elle permet aux notaires de justifier à leurs clients de dépenses supplémentaires en droits d'enregistrement, dépenses résultant ou d'erreurs matérielles ou d'imprévoyance de perception, lors de la rédaction des actes et des projets de déclarations de successions.

Vérification. — *Inspection.* — Il semble inutile de désigner au milieu des pages le millésime des années vérifiées, puisque le millésime se trouvera dans les 3e et 5e colonnes. Mais on pourrait écrire utilement au-dessus d'une ligne de la 3e colonne ces mots : *Vérification ou Inspection.*

Avec le temps, au moyen de ce carnet, les études se trouveront en possession de nombreuses décisions judiciaires et administratives fixant la jurisprudence en matière de perception.

Première Partie — Restitutions demandées par le Notaire.

N° d'Ordre	N° du Répertoire ou de la Déclaration	Date des Actes ou des Déclarations de Successions	Nature des Actes ou Nom de l'Auteur de la Succession	Date de l'Enregistrement des Actes	Montant des Restitutions demandées	Motifs des Restitutions (Voir au Verso table des Motifs)

Nº d'Ordre	Nº du Répertoire ou de la Déclaration	Date des Actes ou des Déclarations de Successions	Nature des Actes ou Nom de l'Auteur de la Succession	Date de l'Enregistrement des Actes	Montant des Restitutions demandées	Motifs des Restitutions (Voir au Verso note des Motifs)	

Première Partie — Restitutions demandées par le Notaire

N° d'Ordre	N° du Répertoire ou de la Déclaration	Date des Actes ou des Déclarations de Successions	Nature des Actes ou Nom de l'Auteur de la Succession	Date de l'Enregistrement des Actes	Montant des Restitutions demandées		Motifs des Restitutions (Voir au Verso table des Motifs)

N° d'Ordre	N° du Répertoire ou de la Déclaration	Date des Actes ou des Déclarations de Successions	Nature des Actes ou Nom de l'Auteur de la Succession	Date de l'Enregistrement des Actes	Montant des Restitutions demandées	Motifs des Restitutions (Voir au Verso suite des Motifs)

N° d'Acte	N° du Répertoire ou de la Déclaration	Date des Actes ou des Déclarations de Successions	Nature des Actes ou Nom de l'Auteur de la Succession	Date de l'Enregistrement des Actes	Montant des Restitutions demandées	Motifs des Restitutions (Voir au Verso texte des Motifs)

Première Partie — Restitutions demandées par le Notaire

N° d'Ordre	N° du Répertoire ou de la Déclaration	Date des Actes ou des Déclarations de Successions	Nature des Actes ou Nom de l'Auteur de la Succession	Date de l'Enregistrement des Actes	Montant des Restitutions demandées	Motifs des Restitutions (Voir au Verso suite des Motifs)

N° d'Ordre	N° du Répertoire ou de la Déclaration	Date des Actes ou des Déclarations de Successions	Nature des Actes ou Nom de l'Auteur de la Succession	Date de l'Enregistrement des Actes	Montant des Restitutions demandées		Motifs des Restitutions (Voir au Verso table des Motifs)

Première Partie — Restitutions demandées par le Notaire

Nᵒ d'Ordre	Nᵒ du Répertoire ou de la Déclaration	Date des Actes ou des Déclarations de Successions	Nature des Actes ou Nom de l'Auteur de la Succession	Date de l'Enregistrement des Actes	Montant des Restitutions demandées	Motifs des Restitutions (Voir au verso suite des Motifs)

Première Partie — Restitutions demandées par le Notaire

N° d'Ordre	N° du Répertoire ou de la Déclaration	Date des Actes ou des Déclarations de Successions	Nature des Actes ou Nom de l'Auteur de la Succession	Date de l'Enregistrement des Actes	Montant des Restitutions demandées	Motifs des Restitutions (Voir au Verso suite des Motifs)

Première Partie — Restitutions demandées par le Notaire

N° d'Ordre	N° du Répertoire ou de la Déclaration	Date des Actes ou des Déclarations de Successions	Nature des Actes ou Nom de l'Auteur de la Succession	Date de l'Enregistrement des Actes	Montant des Restitutions demandées		Motifs des Restitutions (Voir au Verso table des Motifs)

Deuxième Partie — Forcements relevés par les Employés supérieurs

Nos d'ordre	Nos du Répertoire ou de la Déclaration	Dates des Actes ou des Déclarations de Successions	Nature des Actes ou Noms des Auteurs des Successions	Date de l'Enregistrement des Actes	Montant des Forcements	Motifs des Forcements (Voir au Verso-carte des Motifs)	Indication du montant des Forcements à porter au compte du Notaire	

Deuxième Partie – Forcements relevés par les Employés supérieurs

N.º du Répertoire ou de l'Année	Dates des Actes ou des Déclarations de Successions	Nature des Actes ou Noms des Auteurs des Successions	Date de l'Enregistrement des Actes	Montant des Forcements	Motifs des Forcements (Voir au verso suite des Motifs)	Indication du montant des Forcements à porter au compte du Notaire

N° de l'Acte	N°. du Répertoire ou de la Déclaration	Dates des Actes ou des Déclarations de Successions	Nature des Actes ou Noms des Auteurs des Successions	Date de l'Enregistrement des Actes	Montant des Forcements	Motifs des Forcements (Voir au Livre coté des Motifs)	Indication du montant des Forcements à porter au compte du Notaire

Deuxième Partie — Forcements relevés par les Employés supérieurs

N.º d'Ordre	N.º du Répertoire ou de la Déclaration	Dates des Actes ou des Déclarations de Successions	Nature des Actes ou Noms des Auteurs des Successions	Date de l'Enregistrement des Actes	Montant des Forcements	Motifs des Forcements &c. (Voir au verso suite des Motifs)	Indication du montant des Forcements à porter au compte du Notaire	

Deuxième Partie – Forcements relevés par les Employés supérieurs

N° de l'Ordre	N°s du Répertoire ou de la Déclaration	Dates des Actes ou des Déclarations de Successions	Nature des Actes ou Noms des Auteurs des Successions	Date de l'Enregistrement des Actes	Montant des Forcements	Motifs des Forcements (Voir au Verso suite des Motifs)	Indication du montant des Forcements à porter au compte du Notaire

N°. du Registre ou de la Déclaration	Dates des Actes ou des Déclarations de Successions	Nature des Actes ou Noms des Auteurs des Successions	Date de l'Enregistrement des Actes	Montant des Forcements	Motifs des Forcements (Voir au Verso suite des Motifs)	Indication du montant des Forcements à porter au compte du Notaire

Deuxième Partie —Forcements relevés par les Employés supérieurs

N.° d'ordre	N.° du Répertoire ou de la Déclaration	Dates des Actes ou des Déclarations de Successions	Nature des Actes ou Noms des Auteurs des Successions	Date de l'Enregistrement des Actes	Montant des Forcements	Motifs des Forcements (Voir au Verso suite des Motifs)	Indication du montant des Forcements à porter au compte du Notaire

Nos d'Ordre	Nos du Répertoire ou de la Déclaration	Dates des Actes ou des Déclarations de Successions	Nature des Actes ou Noms des Auteurs des Successions	Date de l'Enregistrement des Actes	Montant des Forcements	Motifs des Forcements (Voir au verso suite des Motifs)	Indication du montant des Forcements à porter au compte du Notaire

Deuxième Partie — Forcements relevés par les Employés supérieurs

N.º d'Ordre	N.º du Répertoire ou de la Déclaration	Dates des Actes ou des Déclarations de Successions	Nature des Actes ou Noms des Auteurs des Successions	Date de l'Enregistrement des Actes	Montant des Forcements	Motifs des Forcements (Voir au Verso suite des Motifs)	Indication du montant des Forcements à porter au compte du Notaire

Deuxième Partie — Forcements relevés par les Employés supérieurs

Nos d'Ordre	Nos du Répertoire ou de la Déclaration	Dates des Actes ou des Déclarations de Successions	Nature des Actes ou Noms des Auteurs des Successions	Date de l'Enregistrement des Actes	Montant des Forcements	Motifs des Forcements (Voir au Verso recte des Motifs)	Indication du montant des Preneurs à porter au compte du Notaire

Nos d'Ordre	N° du Répertoire ou de la Déclaration	Date des Actes ou des Déclarations de Successions	Nature des Actes ou Noms des Auteurs des Successions	Date de l'Enregistrement des Actes	Montant des Restitutions proposées	Motifs des Restitutions (Voir au Verso l'état des Motifs)

	N° du Répertoire ou de la Déclaration	Date des Actes ou des Déclarations de Successions	Nature des Actes ou Noms des Auteurs des Successions	Date de l'Enregistrement des Actes	Montant des Restitutions proposées	Motifs des Restitutions (Voir au Verso détail des Motifs)

Troisième Partie — Restitutions proposées par les Employés supérieurs

Numéro	N.º du Répertoire et de la Déclaration	Date des Actes ou des Déclarations de Successions	Nature des Actes ou Noms des Auteurs des Successions	Date de l'Enregistrement des Actes	Montant des Restitutions proposées	Motifs des Restitutions (Voir au Verso sont les Motifs)

Troisième Partie. — Restitutions proposées par les Employés supérieurs

Numéros de la Recette ou de la Déclaration	Date des Actes ou des Déclarations de Successions	Nature des Actes ou Noms des Auteurs des Successions	Date de l'Enregistrement des Actes	Montant des Restitutions proposées	Motifs des Restitutions (Voir au Verso suite des Motifs)

Troisième Partie. Restitutions proposées par les Employés supérieurs

Numéros	N.º du Répertoire ou de la Déclaration	Date des Actes ou des Déclarations des Successions	Nature des Actes ou Noms des Auteurs des Successions	Date de l'Enregistrement des Actes	Montant des Restitutions proposées		Motifs des Restitutions. (Voir ou Vase aux des Motifs)

Troisième Partie — Restitutions proposées par les Employés supérieurs

(Numéro d'ordre)	N.º du Recouvrement ou de la Déclaration	Date des Actes ou des Déclarations de Successions	Nature des Actes ou Noms des Auteurs des Successions	Date à l'Enregistrement des Actes	Montant des Restitutions proposées	Motifs des Restitutions (Voir au Verso acte des Motifs)

Troisième Partie — Restitutions proposées par les Employés supérieurs

N° d'Ordre	N° du Répertoire ou de la Déclaration	Date des Actes ou des Déclarations de Successions	Nature des Actes ou Noms des Auteurs des Successions	Date de l'Enregistrement des Actes	Montant des Restitutions proposées	Motifs des Restitutions (Voir au Verso suite des Motifs)

Troisième Partie — Restitutions proposées par les Employés supérieurs

N° d'Ordre	N°. du Répertoire ou de la Déclaration	Date des Actes ou des Déclarations de Successions	Nature des Actes ou Noms des Auteurs des Successions	Date de l'Enregistrement des Actes	Montant des Restitutions proposées	Motifs des Restitutions (Voir au Verso suite des Motifs)

Nº d'Ordre	Nº du Répertoire ou de la Déclaration	Date des Actes ou des Déclarations de Successions	Nature des Actes ou Noms des Auteurs des Successions	Date de l'Enregistrement des Actes	Montant des Restitutions proposées	Motifs des Restitutions (Voir au Verso suite des Motifs)

Numéro du Répertoire ou de la Évaluation	Date des Actes ou des Déclarations de Successions	Nature des Actes ou Noms des Auteurs des Successions	Date de l'Enregistrement des Actes	Montant des Restitutions proposées	Motifs des Restitutions (Voir au Verso État des Motifs)

PAPETERIE DORVILLE

6, Rue d'Aboukir, 6, près la place des Victoires

IMPRIMÉS DIVERS SPÉCIAUX POUR ÉTUDES

IMPRIMÉS SUR PAPIER TRÈS-FORT

Nᵒˢ		50	100	500	1000
	Affiches avec le nom de notaire (6 timbres ou plus)			30 »	
	Affiches sans le nom		4 »	19 »	
19	Bordereaux de vente mobilière, in-8°			9 »	
20	— in-4°		3 50	12 »	
2	— d'inscription d'hypothèque conventionnelle		3 »		
3	— d'inscrip. d'hyp. amend. et jug., 2 côtés		3 »		
5	Bordereaux de créance hypothécaire (impr. 2 côtés)		3 »		
26	Brouillon de répertoire, la main 2 fr. 75				
11	Certificats de vie — Rentes viagères	1 25	3 »		
11b	— Caisse de retraite pour la vieillesse	1 25	3 »		
12	— Pension	1 25	3 »		
12b	— Pensions militaires	1 25	3 »		
12c	— Pensions de veuves	1 25	3 »		
13	— Caisse des offrandes	1 25	3 »		
14	— Médaille militaire	1 25	3 »		
15	— Légion d'honneur	1 25	3 »		
4	Certificats, contrat de mariage (imprimés 2 côtés)	1 75	3 »		
21	Projets, déclarations de succession, imprimés pages	4 »	7 50		
	Tableaux de déclare à faire, l'un 30 c., 10 p. 2 f. 60				
74	États des mentions et transcriptions		2 »		
75	États de transcriptions de saisie		4 »		
21	Tables mobiles (fiches répertoire)		4 »	20 »	
	Lettres de nominations, papier superfin glacé, in-4°		11 »	27 »	38 »
	— in-8°		10 »	21 »	32 »
	Lettres de recouvrement, de renouvellement d'inscription, format in-8°, avec nom et résidence. — feuille simple	ne se fait pas		6 »	10 »
	— feuille double	moins de 100		9 »	16 »
27	Lettres de recouvrement in-8° sans le nom		4 »	5 »	
16	Notes de frais, format in-4°		4 50	12 »	
17	— in-6°		4 75	9 50	
18	— in-8°		4 25	9 »	
	Notes de frais, format in-4°, 27 cent. sur 21			14 »	24 »
	— in-6°, 22 — 14			11 »	18 »
	— in-8°, 21 — 13			9 »	14 »
30	Papier réglé pour notes de frais, la main 2 50				11 »
	Quittances ou Reçus, avec nom et titre		4 »	5 »	
22	Quittances imprimées, sans nom		4 »	5 »	
23	Reçus lithographiés avec nom sans le nom		4 »	5 »	
	Répertoire timbré, la feuille 2 fr. 60				
6	Réquisitions d'état d'inscr⁰ de saisie et de transcrip.		2 »		
7	— sur transcription		4 »		
7b	— d'état sur transcription		4 »		
8	— d'état d'inscription		2 »		
9	— d'états sur transcription (complet)		2 »		
10	Radiations (format in-8°)		1 »		
10b	Subrogations (format in-8°)		1 »		

Nota. — Le prix des imprimés fixé par mille ne peut, en raison de la composition, s'établir pour une quantité moindre. — Pour les envois par la poste, ajouter 50 c. par 100 exemplaires pour affranchissement de bordereaux, certificats, réquisitions, etc.

Paris. — Imprimerie DANEL, 6, rue d'Aboukir.